Über die Einführung

in das

Studium der Rechtswissenschaft.

Rede,

gehalten

bei Übergabe des Rectorats der Königlichen Albertus-Universität zu Königsberg i. Pr.

am 15. April 1894

von

Dr. Carl Gareis,

Geheimer Justizrat und ord. Professor der Rechte zu Königsberg.

Berlin.

J. Guttentag, Verlagsbuchhandlung.

1894.

Auf so vielen wissenschaftlichen Gebieten ist das Unterrichts- und Prüfungswesen in unseren Tagen umgestaltet oder wenigstens geändert worden, daß es fast wunder nehmen müßte, wenn nicht auch das juristische Studium von Reformen berührt worden wäre. In der That ist dies auch der Fall, und wir in Preußen sind in der glücklichen Lage, die Änderung der juristischen Prüfungen, welche seit etwa zwei Jahren erprobt wird, als eine wirkliche Besserung begrüßen zu können. Dennoch fehlt es noch immer nicht an Klagen über den innerlichen Rückgang des Studiums bei unsern juristischen Studierenden, an Klagen über deren Abneigung gegen ihr eigenes Fach, an Klagen über die bescheidenen Ansprüche, welche die Mehrzahl unserer jungen Juristen an den geistigen Gehalt des Lebens stellt.[1])

Diesen Klagen will ich mich nicht anschließen, im Gegenteil, ich möchte fast die Partei der Studierenden ergreifen, nicht bloß, weil ich mit herzlicher Freude verkünden kann, daß ich hier sowohl als in meinen früheren Wirkungskreisen in jedem Jahreskurse wenigstens eine kleine Elite unter der Zahl meiner Hörer fand, welche sich warm für die ihr gestellte Aufgabe interessierte und mit voller Hingebung an deren Erfüllung arbeitete, sondern auch, weil ich den Grund des von so vielen akademischen Lehrern heftig beklagten Verhaltens der Studierenden zu begreifen meine. Der Grund jenes wirklich beklagenswerten Verhaltens liegt — abgesehen von jenen Faktoren, die auch bei den Studierenden anderer Fakultäten wirken, — in der Art der Einführung in das juristische Studium. Der Präsident der preußischen Justizprüfungskommission, Herr Professor Dr. Adolf Stölzel — gewiß kein schlechter Jurist und wie seine Forschungen auf dem Gebiete der brandenburgisch-preußischen Rechtsgeschichte zeigen, gewiß der Fleißigsten Einer — bekannte in seinem zu Beginn des vorigen Semesters gehaltenen Vortrage: „In den beiden ersten Semestern ging es mir wie ein Mühlrad im Kopfe herum. Ich behauptete zwar nicht, ich wollte Alles wissen, ich hätte aber doch gern Einiges verstanden. Ich hatte einen recht tüchtigen Institutionenlehrer, der sogar so gütig war, mit uns bei sich zu Hause über das Colleg zu sprechen. Aber ich ging immer mit einer gewissen Bangigkeit hin, so viel ich auch im Colleg zugegen war und mich damit beschäftigte. Einen Begriff gewann ich damals leider noch nicht." [2]) Von mir selbst kann ich sagen, daß es mir in den ersten zwei Semestern ähnlich erging, — und ich bin sicher, daß dies das Schicksal der meisten Jünger unserer Wissenschaft war, — die Schuld daran hat nicht ein einzelner Mensch, Lehrer oder Hörer, sondern das System, das System der historisch überkommenen Art der Einführung in das juristische Studium.

Mit welcher Begeisterung ergreift regelmäßig der junge Mediciner sein Fach, und es muß wahrhaftig kein Vergnügen sein, das seiner im anatomischen Theater und auf dem Präparierboden harrt, — „mir geht es wie der Katze mit der Maus: für einen Leichnam bin ich nicht zu Hauf'." — Auch dem jungen Theologen reizt in den meisten Fällen das Fach selbst den Geist und das Gemüt zum interessevollen Hingeben, vom ersten Semester an. Mit heller Freude stürzt sich der junge Naturforscher fast stets in das Beobachten, in das Mikroskopieren, Analysieren, Messen und Wägen; auch der Philologe und der Historiker ist regelmäßig schon von Anfang an ganz bei der Sache, die er bereits von der Schule her kennt und nun wissenschaftlich statt rein schulmäßig tractieren soll, und selbst die allen Laien so mysteriöse Mathematik weiß ihre Jünger von allem Anfang an voll zu fesseln. „Aber — frägt Stölzel[3]) — wer bringt aus seiner Gymnasialzeit eine Begeisterung für die Jurisprudenz mit? Der Abiturient weiß gar nicht, was ihm sein Beruf bringen wird ...." Die große Mehrzahl wird ohne besonderes sachliche Interesse aus Familientradition oder aus Abneigung gegen einen anderen Beruf, also wie Stölzel sagt: auf negativem Wege Jurist, und begreiflich ist dann natürlich auch die geringe Begeisterung; dieses Alles würde aber denn doch nicht ausschließen, daß man durch das einmal ergriffene, wenn auch ohne Sachinteresse ergriffene Studium selbst sich alsbald ergriffen fühlte. Allein dies ist eben leider gerade nicht der Fall, sondern der Anfänger findet die Rechtswissenschaft, wie sie sich ihm zuerst präsentiert, trocken — dies ist das zumeist gehörte Epitheton ornans unseres Faches — und allen Reizes für einen strebsamen jungen Mann entbehrend. Die Folge davon ist ein lückenhafter Kollegienbesuch und eine peinliche Abneigung vor dem Eindringen in das dunkle Reich „öder" juristischer Begriffe, eine Abneigung, die schließlich nur durch die Angst vor dem Examen überwunden wird und auch da nicht dem wissenschaftlichen Studium, sondern der durch alle möglichen Mittelchen dieses ersetzen sollenden Einpaukerei Platz macht. Ausnahmen giebt es natürlich, aber nicht in dem Maße, daß wir uns durch sie in betreff der Einführung in das juristische Studium völlig beruhigen lassen könnten. Man kann vielleicht sagen, daß bei einer großen Anzahl die Abneigung zu schwinden anfange, wenn sie, — was namentlich durch eine gute Pandektenvorlesung erreicht zu werden pflegt, vorausgesetzt, daß sie konsequent besucht wird, — mit juristischen Begriffen zu operieren, also juristisch zu konstruieren einigermaßen in der Lage sei; dieses kommt aber in verschiedenem Maße, dem Einen früher, dem Andern später, Manchem überhaupt kaum — und in jedem Falle bliebe denn doch zwei oder drei Semester lang jener horror zu bekämpfen.

Den Verlust dieser Semester zu vermeiden sind in der neuesten Zeit verschiedene Mittel vorgeschlagen worden.

Stammler, welcher den eigentlichen Grund der Gleichgültigkeit oder Unlust unserer jungen Rechtsbeflissenen in der notorischen Fremdartigkeit des juristischen Studiums für den Anfänger erblickt,[4]) — eines Studiums, dessen eigentlicher Gegenstand den Sinnen, wie er meint, nicht zugänglich sei und gar nicht anschaulich gemacht werden könne;[5]) — will dadurch helfen, daß er Übungen für Anfänger einrichtet, er will dadurch den jungen Juristen schon bei Beginn seines Studiums daran sich gewöhnen lehren, das unsichtbare Netz wahrzunehmen, welches rechtliche Ordnung über dem Getriebe der Menschen regelnd ausbreitet und die Fäden zu erkennen, die von dem einen zum andern bindend laufen.[6])

Stölzel will durch Mitteilung wirklicher Rechtsfälle, von Auszügen aus Gerichtsakten und durch Besprechung dieser Fälle das Interesse der jungen Juristen erwecken.[7])

Auch Stampe sucht die Besserung des juristischen Unterrichtswesens wesentlich aus der Praxis zu gewinnen, indem er für die juristischen Professoren Dreierlei fordert: das Richteramt, die Benutzung des von den Gerichten zu Tage geförderten Materials an wissenschaftlich bedeutsamen Rechtsfällen und die civilrechtliche Statistik.[8])

Ich verspreche mir von allen diesen Vorschlägen gewisse Besserungen, am wenigsten allerdings von der civilrechtlichen Statistik, muß aber hier, um mein Ziel nicht zu weit abzurücken oder gar aus den Augen zu verlieren, darauf verzichten, diese Ideen im Einzelnen kritisch zu beleuchten. Nur das darf ich nicht unterlassen zu sagen, daß die Stölzelschen und Stampeschen Vorschläge wohl mehr auf die älteren Juristen berechnet sind, also mein Thema nicht vollständig berühren, ebenso wie auch die höchst schätzenswerte, namentlich in der letzten Zeit in Preußen energisch betriebene Einrichtung der juristischen Seminare[9]) wesentlich den Studierenden der höheren Semester zu dienen bestimmt ist, wenngleich auch den Anfängern, z. B. durch Vorzeigung der Quellenwerke (— ich denke dabei z. B. an die Volksrechte, Kapitularien und Rechtsbücher des Mittelalters —) mancher Nutzen hieraus zugewandt werden kann. Eine Gefahr könnte freilich auch angesichts der in den Vordergrund gestellten praktischen Übungen gewittert werden: es ist die Gefahr denkbar, daß die jungen Juristen statt zu wissenschaftlich gebildeten Männern zu Routiniers erzogen und das juristische Studium verflacht werde durch die vorwiegende Berücksichtigung einer Beamtenerziehung oder -Drillung,[10]) — aber so lange deutsche Gelehrte Einfluß auf die juristische Bildung haben, halte ich diese Gefahr für ausgeschlossen.

Ich möchte mich also nicht in Widerspruch setzen mit den erwähnten Vorschlägen, aber meinerseits einen allgemeineren Gesichtspunkt zur Geltung bringen und von hier aus dann Andeutungen von Besserungsideen machen. Betrachten wir die Entwicklung der Methoden des akademischen Unterrichts und die Entstehungsgeschichte der einzelnen juristischen Disziplinen! Zu der am geschichtlichen Anfang des akademischen Rechtsunterrichts vorhandenen Zweiheit der Fächer jus civile und jus canonicum, welcher das Vorhandensein zweier juristischer Professuren auf den ältesten Universitäten entsprach und welche noch in dem juristischen Doktortitel — Dr. juris utriusque — nachklingt, zu diesen zwei Blüten des frühmittelalterlichen Geistes hat sich nach und nach ein ganzer Blumenstrauß neuer juristischer Fächer gesellt und noch sind die Gärtner nicht müde, neue Blüten demselben beizubinden: zu jenen zwei altehrwürdigsten Fächern gesellte sich frühe schon als drittes das Lehenrecht, dann kam — veranlaßt durch die sich praktisch geltend machende große Verschiedenheit der rein römischen und byzantinischen Gerichtsverfassung und Prozedur einerseits und der germanischen — in

Deutschland und Frankreich einheimischen — Gerichts- und Verfahrenseinrichtungen andrerseits — das Civilprozeßrecht als besonderer Rechtszweig zur Geltung. Auf das freilich erst spät, in Deutschland erst Mitte des 16. Jahrhunderts erwachte Interesse und Bedürfnis der Praktiker hat man ferner auch die Entstehung der Disziplinen Strafrecht und Strafprozeßrecht zurückzuführen.[11]) Das Staats- und das Völkerrecht zweigten sich, nachdem bereits im 14. Jahrhundert staatsrechtliche Fragen in den aus dem Kampfe zwischen Kaiser und Papst hervorgegangenen oder ihn nährenden Streitschriften erörtert worden waren, erst im 17. Jahrhundert als besondere Disziplinen ab; sahen auch die Vertreter des Civilrechts auf die Versuche der Publizisten, öffentliches Recht zu konstruieren, mit einer gewissen Geringschätzung herab, ja bezeichneten die Ersteren diese Versuche nur als mantellum ignorantiae juris civilis — ein Vorwurf, der nicht minder unhöflich erwidert wurde: i meri legiste sono puri asini[12]) —, so errangen sich die Publizisten doch bald eine vollgeachtete Stellung; denn für sie sprach einerseits der Vorzug, welchen die juristische Schulung den praktischen Politikern gewährte — seit dem Beginn des 17. Jahrhunderts verwandten die Staatshäupter mit Vorliebe Juristen zu den diplomatischen Geschäften — und für die Publizisten sprach ferner die mit dem Wiederaufwachen der klassischen Wissenschaften — der Renaissance — neuaufgenommene Pflege der antiken Philosophie und die damit in Verbindung stehende naturrechtliche Schule.[13]) Gleichzeitig mit der besonderen akademischen Behandlung des Staatsrechts und des Völkerrechts begann auch die des Naturrechts und der irrtümlicherweise davon nicht unterschiedenen Rechtsphilosophie und Rechtsencyclopädie mit den ersten Regungen einer Rechtsvergleichung. Daß neben dem römischen Privatrechte ein deutsches Privatrecht oder richtiger eine ganze Reihe einheimischer deutscher Privatrechte in Geltung sei, wurde in Deutschland wohl zu jeder Zeit empfunden, ich sage empfunden, nicht bewußt wahrgenommen, und zwar merkwürdiger Weise in steigendem Maße, je mehr sich das römische Privatrecht einzubürgern versuchte; und gerade als die Reception des römischen Privatrechts zur vollendeten Thatsache geworden, beginnt die Litteratur des deutschen Privatrechts, zunächst die Stadtschreiberlitteratur des 15. und 16. Jahrhunderts, welche den Gegensatz der deutschen Rechte zum römischen Rechte bereits zum nachhaltigen Bewußtsein bringt.[14]) Aber zur akademischen Behandlung brachten es die deutschen Partikularrechte und das allgemeine deutsche Recht erst mit dem Anfange des 18. Jahrhunderts.[15])

Die akademische Lehrmethode selbst begann bekanntlich mit der rein analytischen Exegese der Quellen, welche von den Glossatoren eingeführt und von den Kommentatoren festgehalten wurde. Den Keim einer systematischen Behandlung, welcher in dem sogenannten usus italicus lag, nämlich in der zur Gewohnheit gewordenen Bevorzugung besonders lehrreicher Stellen des corpus juris, an welche man die Erläuterungen anzuschließen pflegte, brachte erst das Zeitalter der Renaissance zur Reife, die freiere, von der usitata interpretandi ratio sich emanzipierende Stoffbehandlung wurde auf den Universitäten eingeleitet durch außerordentliche Vorlesungen („Gesellschaften", collegia, collegia privata, — im Gegensatze zu den lecturae, lectiones des hergebrachten exegetischen Lehrganges,[16]) — Vorlesungen, in welchen man von der analytischen Methode zu einer Synthesis überging; bemerkenswerter und glücklicher Weise war es die historische Betrachtung, welche bald entscheidenden Einfluß auf diese synthetische Methode gewann, Häupter der historischen Schule des 16. Jahrhunderts waren es, welche den usus docendi gallicus zur Anerkennung brachten, eine neue, nämlich historisch-synthetische Lehrweise, welche in Deutschland schon im 17. Jahrhundert große Verbreitung fand. Auf derselben freieren Grundlage der Forschung und Darstellung, welche durch die Emanzipation vom usus italicus und der an die Ordnung der justinianischen Institutionen des römischen Rechts sich anschließenden sogenannten Legalmethode gewonnen worden war, erblühte die Schule der Praktiker, vorzugsweise in den Niederlanden und in Deutschland während des 16., 17. und 18. Jahrhunderts, dann — gegen Ende des 18. Jahrhunderts — die naturrechtliche Schule in Deutschland, und endlich — von Gustav Hugo begründet und von seinen Schülern v. Savigny und Eichhorn zum höchsten Ansehen erhoben, — die neuere historische Schule.[17])

Unter dem Zeichen und Einflusse dieser neueren historischen Schule stehen wir alle; freilich nicht in dem Sinne, daß wir dem organischen Werden des Rechts die ganze Zukunft passiv überlassen könnten, — die soziale und politische Entwicklung der Verhältnisse unseres engeren und unseres weiteren deutschen Vaterlandes hat dazu geführt, daß unsere Zeit real das Werk gesetzgeberischer Thätigkeit betreiben muß, sie mag ideal hierzu einen Beruf haben oder nicht.

Aber in dem Sinne sind wir die Jünger der historischen Schule, daß wir jene Doctrin des 17. und 18. Jahrhunderts, welche im Anschluß an antike Vorstellungen, namentlich aber an religiöse Ideen ein System allgemeingültiger und von Zeit, Volk und Ort unabhängiger, und eben darum angeblich unabänderlicher Rechtssätze, ein oder richtiger das Naturrecht aufzustellen sich unterfing, für eine Verkennung des Wesens und der Aufgabe der Rechtsordnung halten. Und an dieser unserer Auffassung wird auch v. Hertlings neuester Versuch[18]) das Naturrecht zu rehabilitieren, nichts ändern, so geistvoll und nach einer bestimmten, gewisse sozialistische Forderungen schlagend bekämpfenden Richtung Hertlings Arbeit auch ist: wie v. Stengel in einer Besprechung des Hertlingschen Werkes mit Recht hervorhebt, kann man mit den von Hertling aufgestellten angeblich naturrechtlichen Sätzen die sozialistische Forderung nach Kollektiv-Eigenthum an allen Produktionsmitteln ebenso gut begründen wie bekämpfen.[19])

Wissen wir uns in der Verurteilung der utopistischen Theorie der Naturrechts-Schule auch vollkommen eins mit den Anhängern der historischen Schule, so müssen wir doch die vielen Jüngern dieser letzteren geläufig gewordene Unterschätzung der Rechtsphilosophie schmerzlich bedauern. Über das Recht philosophieren heißt ebensowenig ein Naturrechtssystem aufstellen, als die Religionsphilosophie ein religiöses System, die Sprachphilosophie eine bestimmte Sprache bedeutet oder aufstellt oder vertritt. Daß dieses verkannt wird, müssen wir namentlich der Anfänger wegen bedauern, denn mit der Vernachlässigung der Rechtsphilosophie, welche infolge jener bedauerlichen Verwechslung von Rechtsphilosophie und Naturrecht entstand, mit der Bekämpfung dieses letzteren und mit der damit in Verbindung stehenden Hintansetzung der Rechts-Encyclopädie ist auch der letzte didaktische Zusammenhalt zwischen den einzelnen Disziplinen der Rechtswissenschaft zerrissen, die einzelnen Fächer sind disjecta membra und der Zusammenhang derselben unter einander, das Verhältnis des einen zum andern, als Verhältnis des Teils zum Ganzen, des Besonderen zum Allgemeinen, die Art der Subjektion des Einzelnen zum Andern wird dem juristischen Studierenden nicht methodisch enthüllt — fast möchte ich sagen methodisch nicht enthüllt.

Denn wie geschieht die Einführung in die Rechtswissenschaft heutzutage regelmäßig? Man beginnt mit den Institutionen des römischen Rechts und der römischen Rechtsgeschichte, man lehrt die Quellen des römischen Rechts kennen, der Schüler hört von den XII Tafeln, von legis actiones, vom Formularprozeß und von Rechtsschulen mit zahlreichen römischen Namen, und man geht zum Studium der Pandekten über, dem mindestens zwei Semester in der Hauptsache gewidmet zu werden pflegen. In neuerer Zeit wird gleichzeitig oder unmittelbar nach diesen Semestern viel in juristischen Seminarien gearbeitet, indem exegetische Übungen daselbst gehalten, auch Rechtsfälle an der Hand der römischen Rechtsquellen bearbeitet und besprochen werden.

Es sei ferne von mir, die Vorzüge dieses Unterrichtssystems irgendwie zu verkennen. Thöricht wäre es ja zu verkennen, daß in dieser Erziehungsweise, ja — zugegeben — infolge derselben, große Juristen in Deutschland erstanden, scharfsinnige Gelehrte und vortreffliche Praktiker, welche es verstanden, die Wissenschaft vom Rechte auf diejenige Höhe in Deutschland zu bringen, welche in unserm Vaterlande von den übrigen Geisteswissenschaften erklommen ist und sie dort in Achtung und Ansehen zu erhalten. Thöricht wäre es ferner zu verkennen, daß sich das römische Recht als Objekt für Prüfungszwecke und von Einem bestimmten Standpunkte aus — aber nur von diesem Einen aus — auch für den Unterricht ganz besonders empfiehlt: denn es bemüht sich, exakte Begriffe von Einem Prinzipe aus — der utilitas singulorum aus — mit aller Schärfe zu schaffen und mit eiserner Konsequenz festzuhalten; es lehrt eine Quelleninterpretation, welche schwierig ist, weil sie die Aufgabe hat, fragmentarische und rechtsgeschichtlich verschiedenen Perioden angehörende Äußerungen von Schriftstellern als Gesetz zu behandeln und in Harmonie zu bringen, eine Quelleninterpretation, welche um dieser Schwierigkeit willen, aber auch um des dadurch sich enthüllenden juristischen Konstruktionsvermögens der Römer willen gerade recht lehrreich ist. Diese Vorzüge des Studiums des römischen Rechts dürfen wir uns nicht entgehen lassen, und, wie ich schon an anderer Stelle[20]) mit allem Nachdrucke ausgesprochen habe, das gehoffte Zustandekommen eines Deutschen Civilgesetzbuches darf und wird durchaus nicht die Wirkung haben, daß den Studien des römischen Rechts fortan in Deutschland weniger Aufmerksamkeit, weniger Zeit und Fleiß gewidmet werde als bisher, die Pandektenvorlesung soll auch in Zukunft nicht zu einer rein historischen Disziplin werden, sondern sie soll und wird eine dogmatische bleiben, ja wenn es erlaubt ist, hier in einem Superlativ zu reden, die allerdogmatischeste sein, diejenige Vorlesung, welche auch in Zukunft zumeist lehren wird, wie man mit festen juristischen Begriffen streng civilistisch operiert, konstruiert und denkt innerhalb eines bestimmten, von einheitlichen Prinzipien geleiteten Gedankenaufbaus.

Aber genügen diese Vorzüge des romanistischen Studiums, um den ganzen Rechtsunterricht wesentlich darauf zu stellen? Niemals, ich wiederhole es, darf und wird Deutschlands Juristenheit auf dieses Unterrichts- und Schulungsmittel verzichten dürfen, aber ist Das, was den Gegenstand des Studiums der Rechtsbeflissenen ausmacht, auf der Schule und im Leben, wirklich nichts Anderes als ein wenn auch noch so geistreiches System des jämmerlichen Mein und Dein der Einzelnen, das System, den Privatinteressenstreit des Hans und des Kunz so oder so beizulegen? Rufen nicht neben den Sonderinteressen der Individuen die Staats- und die Gesellschaftsinteressen nach Befriedigung und rufen nicht auch diese den Juristen an? Und ist nicht das menschliche Zusammensein, dessen Konflikte die Juristen beschäftigen, weit mehr auf diese letzteren Arten von Interessen als auf die Privatinteressen gestellt? Und wird es nicht vielleicht gerade durch die Betonung dieser Wahrheiten gelingen, den juristischen Anfangsunterricht in einer Weise umzugestalten, welche die vorhin (S. 3—5) beklagten Mißstände ausschließt und den jungen Juristen von Anfang an nachhaltig und vorteilhaft fesselt?

An dem gegenwärtig in der Regel beobachteten Lehrgange ist der Ausgangspunkt pädagogisch unrichtig: „Es ist Pflicht, Anderen nur dasjenige zu sagen, was sie aufnehmen können — sagt unser Altmeister Göthe —, der Mensch versteht Nichts, als was ihm gemäß ist“ u. s. w.[21]) Aller Lehrstoff muß an das bereits vorhandene Kennen und Wissen des Lernenden angeknüpft werden — das gilt nicht bloß für den ersten dem lallenden Kinde erteilten Anschauungsunterricht, sondern auch für den höchsten wissenschaftlichen Vortrag: es ist einfach Zeitvergeudung, jemandem etwas zu sagen, für welches er keine Anknüpfungspunkte in seinem bisherigen Gedankenvorrate hat. Interesse kann nur erwecken dasjenige, was wir geistig verarbeiten, gruppieren können, sei es, weil wir wissen, woher es kommt, wozu es gehört oder wohin es führt, wozu es gut ist. Beides fehlt, wenn der Anfänger sofort mit römischer Rechtsgeschichte am Thore der Rechtswissenschaft begrüßt wird und die Institutionen des römischen Rechts den Reigen der juristischen Disziplinen eröffnen. Ich weiß ja, daß eine Anzahl romanistischer Rechtslehrer ihren Institutionenvorlesungen eine Art allgemeiner Rechtseinleitung voranschicken, darin suchen sie eben bereits eine Besserung des als fehlerhaft erkannten Systems, aber dieses selbst fehlt darin, daß es weder an das vorhandene Kennen und Interesse des Lernenden zielbewußt anknüpft, noch auch die Bedeutung des Allgemeinen über dem Besonderen, gerade das respice finem, zu wahren sucht. In der Hauptsache hat dieser Fehler seinen Grund in einer nicht verständlichen Ausnutzung der Resultate der historischen Forschung, in einem Mißverständnis über die Bedeutung der historischen Schule. Ganz unzweifelhaft ist die Kenntnis der geschichtlichen Entwicklung des römischen Rechts, selbst die Kenntnis des kleinsten sogenannten antiquarischen Details dieser Entwicklung notwendig zur juristischen Bildung; aber es ist zur Einführung des Anfängers in die juristischen Studien die Mitteilung der römischen „Rechtsantiquitäten" ebensowenig zweckentsprechend, als es die Mitteilung germanischer Rechtsantiquitäten, etwa die Erörterung des Prozesses der lex salica für den ersten Empfang des jungen Juristen und als es die Erörterung der Medizinalanschauungen der alten Griechen für die Einführung junger Mediziner wäre.[22])

Die bisherige Einführung der jungen Juristen in ihr Berufsstudium leidet logisch daran, daß die hierzu gewählten Fächer — Institutionen und Geschichte des römischen Rechts — weder eine so allgemeine Bedeutung haben, daß darauf die übrigen juristischen Fächer aufgebaut oder daraus entwickelt werden könnten, noch im Besonderen eine so erzieherische und bildende Kraft besitzen, daß der juristische Rekrut das darin Vorgetragene mit besonderem Nutzen in sich aufnehmen müsse. Da der Aufbau der heutigen juristischen Disziplinen auf jene jetzt zuerst kennen gelernten Fächer nicht möglich ist, wird das juristische Studium im Ganzen für die Jünger desselben zunächst ein des inneren Zusammenhangs entbehrendes Aggregat von Fächern, welches wie jedes unverstandene, wirre Sammelwesen einen unschönen, keineswegs ästhetisch-wohlthuenden oder anziehenden Eindruck macht.

Das Bedauernswerteste der heute zumeist gebräuchlichen Methode des juristischen Anfangsunterrichts aber ist die völlige Vernachlässigung des Staatsgedankens und der Gesellschafts-Interessen während desselben: fast die halbe akademische Studienzeit hindurch ist es, als ob es sich nur um die Gewinnung von Civilrechtsjuristen handelte, als ob die Abgrenzung der Privatrechtssphären, das private Mein und Dein die einzige Sorge für den Juristen sein müsse. Sollte es denn nicht möglich sein, an die Idee des Vaterlandes, die dem Jünger der Jurisprudenz ja doch hoffentlich von der Schule her nicht nur bekannt, sondern geweiht und heilig ist, den juristischen Gedanken des Staats, das Staatsrecht in seinen Grundzügen anzuknüpfen, und zwar so, daß sich darauf das System der Fächer aufbaut? Mit Recht ist in neuerer Zeit auf die Bedeutung des „staatsbürgerlichen Unterrichts" hingewiesen worden,[23]) aber der angehende Jurist weiß regelmäßig nach den drei ersten Semestern noch immer weniger, als was für den laienhaften staatsbürgerlichen Unterricht einer Fortbildungsschule bestimmt und gefordert wird, — und weiß regelmäßig bis in die letzten Semester vom Staate, seinen Aufgaben und Funktionen, vom Verhältnis zwischen Staat und Recht — fast gar nichts.[24])

Und fast noch betrübender ist, daß es ähnlich mit den soziologischen Kenntnissen unserer jungen Juristen beschaffen ist. Nicht das materielle Lebensziel des Einzelnen — wie man aus der vorwiegenden oder ausschließlichen Pflege des Privatrechts entnehmen könnte — ist der Zweck der vom Staate aufgestellten oder anerkannten Rechtsordnung und seines Rechtsbestandes, sondern die Förderung und Beschützung der Gesamtheit, — das trifft nicht bloß zu im öffentlichen Leben, bei den Interessen des Staates, z. B. bei der Verteidigung des Vaterlandes, sondern auch bei den Privatrechts-Instituten; auch diese haben nicht um der Individuen als solcher willen ihren Bestand und ihre staatliche, machtentsprechende Anerkennung, sondern auch nur um der Gesamtheit willen. Nicht um der Kinder des Titius oder der Sempronia willen giebt es ein Erbrecht, sondern um der ganzen im Staate lebenden, zum Sparen und zur Kinderversorgung — des Gesamtheitsinteresses wegen — anzuhaltenden oder darin zu unterstützenden Menschheit willen giebt es ein Erbrecht, nicht um des Malers Markart oder des Schriftstellers X. willen giebt es ein künstlerisches, ein litterarisches Urheberrecht, einen bestimmten Rechtsschutz gegen Nachahmung, sondern um der Gesamtheit willen; darin liegt zugleich das Moment der Beschränktheit der Privatrechtsinstitute, ihre Limitierbarkeit und Zweckbedingtheit.[25]) Aber derjenige Jurist, welcher rein römisch-rechtlich gebildet wäre, und in den ersten Semestern ist er dies — und die wirkt lange, lange nach, fast dauernd bei Vielen —, übersieht dieses, ihm leuchtet allein das Licht des Civilrechts, und in diesem Lichte erscheint jedes Rechtsverhältnis nur entweder als berechtigter oder als unberechtigter Egoismus des einen Einzelnen gegenüber dem unberechtigten oder berechtigten Egoismus des andern Einzelnen. Dem römischen Civilrechte waren die oben angedeuteten gesellschaftlichen Interessen keineswegs fremd; in Rom und Byzanz kannte das römische Recht eine Reihe von Rechtsinstituten, welche jenen Interessen Rechnung trugen; es umfaßte ein ausgedehntes System eines öffentliche Interessen vertretenden Gesellschafts- und Gewerberechts, man denke an die darauf bezüglichen collegia, es kannte die Expropriation[26]), es kannte umfassende Normen zum Wohle der Arbeiter[27]) und zur Sicherheit des Staates — aber alle diese Normen sind ja in Deutschland nicht rezipiert, nur das römische Privatrecht ist rezipiert und dieses also herausgerissen aus einem uns fremden Zusammenhange; so erscheint das römische Recht uns als unsozial, als rein egoistisch, nur das Leben des Einzelnen neben einander, nicht für einander regelnd, und die einseitige Beschäftigung mit dem römischen Privatrecht würde alsdann zur Folge haben, daß das Verständnis für Fragen der sozialen Reform ungemein erschwert würde, daß die so gebildeten Juristen nicht den sozialen Aufgaben unserer Zeit, ja auch nicht den theoretisch gebildeten Sozialistenführern stets und vollständig gewachsen sein würden. Es ist gar nicht möglich, daß wir die leider so massentäuschend auftretenden Irrtümer in den sozialen Fragen besiegen, wenn wir nicht Juristen haben, die das System des Privatrechts nicht bloß kennen wie es ist, sondern auch zu erklären wissen, wie es geworden, und warum und inwieweit es notwendig ist zur Aufrechterhaltung, Verbreitung und Steigerung unserer Kultur. Diese soziologische Betrachtung, die freilich erst im allerersten Werden begriffen ist[28]), hat mit einer naturrechtlichen Konstruktion der Rechtsverhältnisse nichts gemein; indem wir diese, wie bereits oben (Seite 9, gegen v. Hertling und in Übereinstimmung mit v. Stengel) gesagt, zurückweisen als unbrauchbar auch für sozialpolitische Fragen, greifen wir statt in das nebelhafte Naturrecht in die greifbaren Erzeugnisse der rechtsgeschichtlichen Forschung auf dem Gebiete unseres heimatlichen Rechts; hier wird uns auf jeder Seite klar, daß der Einzelne ethisch nicht für sich egoistisch zu wirken habe, sondern auch da, wo er innerhalb des

Bereiches eines Privatrechtsverhältnisses steht und wirkt, einem Ganzen diene, welches ihn überragt und überdauert, aber auch für ihn sorgt und ihn schützt, hegt und pflegt, — sei dieses Ganze nun die Familie, die Sippe, die Gemeinde, der Gau oder der Staat; — so gewinnt jedes privatrechtliche Institut eine soziale Bedeutung, es mag sich diese in der Beschränkung oder in der Ausdehnung zu erkennen geben: so ist das Eigentum eingeschränkt durch die Rücksicht auf die Familie, die Gemeinde, den Staat, und das Gemeinderecht eingeschränkt durch das Allmenderecht der Gemeindegenossen, so steht innerhalb oder neben dem starren Begriff der egoistischen juristischen Person des römischen Civilrechts der deutschrechtliche Begriff der Genossenschaft, an deren Vermögen die Genossen als solche die mitgliedschaftlichen Nutzungsrechte haben u. s. w. Im Lichte der deutschen Rechtsgeschichte erscheinen uns die Privatrechtsverhältnisse in ihrer Stellung zu den sozialpolitischen Aufgaben klar, Heinrich Brunners deutsche Rechtsgeschichte und Otto Gierkes Genossenschaftsgeschichte und -Theorie und zahlreiche andere Schriften desselben lassen aufs glänzendste erkennen, wie die deutschen Privatrechtsinstitute sozial gestaltet waren und wirkten, und was wir hieraus für die Gegenwart und Zukunft lernen können[29]). Wie weit ist die rein civilistische Betrachtung der Privatrechtsinstitute von der Gedankenfülle entfernt, zu welcher die geschichtlich-soziologische Behandlung führt! Und das Gesagte gilt nicht etwa bloß von Rechtsinstituten, die der grauen Vergangenheit angehören. Auch die modernsten Gebilde des Privatrechts werden falsch beurteilt, wenn sie aus ihrem Zusammenhange mit den Interessen der Gesellschaft herausgerissen werden; die Individualitätsrechte der litterarischen und künstlerischen Autoren, der Urheber von Geschmacks- und Gebrauchsmustern, der technischen Erfinder — auch diese Rechte werden nur in jenem Zusammenhang richtig erkannt, und nur wenn dies der Fall ist, wird ihnen der, wie es jetzt manchmal den Anschein haben könnte, nur zögernd gewährte Rechtsschutz um des öffentlichen Interesse willen im richtigen Maße zu teil werden.[30]).

Gegenüber den Fehlern der hergebrachten Methode des juristischen Erstlingsunterrichts, welchen wir, wie dargelegt, als unpädagogisch bedauern und an welchem wir außerdem das Unzureichende der — weil rein civilrechtlichen — Grundlage nicht billigen können, — einer Methode, welche sich regelmäßig als für die Neulinge mindestens nicht fesselnd erweist, — sind mancherlei Vorschläge zur Besserung geltend gemacht worden, — auf sie alle einzugehen, mangelt hier die Zeit. Worin die Besserung gesucht werden muß, ergeben die bisherigen Darlegungen: die Einseitigkeit muß vermieden, die Anknüpfung an das bisherige Wissen und Interesse der Lernenden muß gewonnen, das praktische Ziel des positiven Rechts im Auge behalten und die erste Grundlage muß so breit geschaffen werden, daß auf ihr nicht bloß das Privatrecht, sondern auch das öffentliche Recht, das Staats-, Kirchen-, Straf- und Prozeßrecht aufgebaut werden kann. Erreichbar ist dieses Alles auf verschiedenen Wegen, für den besten halte ich nicht, wie vorgeschlagen, die Teilung des juristischen Studiums in einige „historische" und einige „praktische" Semester, auch nicht die Einschiebung eines bei Gerichten zu verbringenden praktischen Vorübungsjahres u. dgl., sondern die Einführung einer propädeutischen Einleitungsvorlesung, mag man diese dann „juristische Propädeutik", „Einleitung in die Rechtswissenschaft" oder dergl. nennen und mag sie von Civilisten oder von Publizisten, von Romanisten oder von Germanisten gehalten werden.

Diese propädeutische oder encyclopädische Vorlesung wird drei Aufgaben zu erfüllen haben und demnach drei Hauptteile umfassen: 1. dasjenige, was man den juristischen Anschauungsunterricht nennen könnte, ferner daran anschließend 2. die Grundzüge der Systematik der Rechtswissenschaft und 3. die Skizzierung der geschichtlichen Entstehung des in unserem Vaterlande geltenden Rechts.

Zu 1. Der erste dieser drei Teile soll Wesen und Notwendigkeit des objektiven Rechts als einer Zwangsordnung der äußeren Verhältnisse der Menschen zur Darstellung bringen und zugleich das Applizieren von Rechtsnormen auf diese konkrete Verhältnisse, also die Elemente des juristischen Denkens veranschaulichen. Dieses soll angestrebt werden durch Schilderung derjenigen Lebensverhältnisse der Lernenden, welche sich unter den Augen derselben als Rechtsverhältnisse darstellen; an diesen, möglichst dem praktischen Leben, und zwar dem der Studierenden selbst, entnommenen möglichst einfachen Verhältnissen soll gezeigt werden, daß Normen notwendig sind und wie diese beschaffen sein und ihren Zweck erfüllen können. Festzuhalten ist hierbei zweierlei: die Beispiele, in denen sich dieser Unterrichtsteil stets zu bewegen hat, sind so anziehend und packend als möglich zu wählen; Iherings „Jurisprudenz des täglichen Lebens" und Rudolf Stammlers praktische Pandektenübungen für Anfänger bieten hierfür ganz treffliche Anhaltspunkte; nur muß in der Einleitungsvorlesung die Aufgabe nicht bloß gestellt, sondern seitens des Lehrenden auch der Weg zur Lösung und die Lösung selbst — kontroversenfrei — gezeigt werden; aber nicht auf das Privatrecht allein soll sich dieser Anschauungsunterricht beziehen, — die klassische Bildung unserer jungen Juristen, an welcher selbstverständlich nicht gemäkelt und kein Jota mehr gekürzt werden darf, eröffnet ein weites Gebiet für die Wahl der Beispiele, insbesondere auch solcher aus dem Gebiete des öffentlichen, staatlichen und gesellschaftlichen Lebens verflossener lehrreicher Kulturperioden unserer oder anderer Völker. Zweitens aber ist zu beachten, daß bei der Lösung die Möglichkeit verschiedener Regelung durch die positiven Rechte klar gemacht und dadurch der Einfluß der verschiedenen positiven Rechte auf die Kultur, Wirtschaft u. s. w. rechtsvergleichend zum Bewußtsein gebracht werden muß. Der Individualität des Lehrers wird hierin ein weiter Spielraum gewährt werden müssen.

Zu 2. Der zweite, der systematisierende Teil des Einleitungsunterrichts hat die einfachste Gliederung des Rechts soweit darzustellen, als nötig ist, um — in Verbindung mit dem dritten Teile — jede der akademisch bestehenden Rechtsdisziplinen oder Fächer als Teil eines zusammenhängenden Ganzen orientierend erkennen zu lassen; die Entwickelung dieser Teile, die z. B. auch Goldschmidts Encyclopädie[31]) gut erkennen läßt, wird am einfachsten zur Darstellung gebracht, wenn von dem Egoismus der Lebewesen ausgegangen und daran der Begriff des Interesses geknüpft wird, dessen Einschränkung einerseits und Sicherung andererseits sowohl im Staats- und Völkerrecht wie im Privatrecht das Alpha und das Omega jeder rechtlichen Ordnung ist[32]). Hier ist auch Veranlassung, das Nebeneinanderbestehen der zwei Ideen: der Rechtsidee und der Staatsidee zu beleuchten, namentlich auch das Wie des Verhältnisses derselben zu einander, die schon instinktive Unterwerfung des Staates unter das Recht z. B. in der Unabhängigkeit der Gerichte, in der Regelung der Expropriation, auch die Prävalenz des öffentlichen Rechts u. s. w. dem Anfänger klar zu legen. Je nach der Individualität des Lehrers wird hier ein mehr oder weniger tiefes Eingehen in die philosophischen Grundlagen der Rechtswissenschaft und ein Streifen der gesellschaftswissenschaftlichen Fächer stattfinden.

Zu 3. Der dritte Teil soll eine allgemeine vaterländische Rechtsgeschichte in großen Umrissen enthalten. Ist es pädagogisch richtig, dem Anfänger zuerst ein großes, in den charakteristischen Hauptzügen gezeichnetes Bild der Geographie oder der Geschichte eines Landes oder Volkes vorzulegen und alsdann in folgenden Lehrkursen zur Detailausführung dieses Bildes allmählich überzugehen, so muß dies auch von der Rechtsgeschichte, die ja stets durch die historischen Vorlesungen unterstützt werden muß, gelten. Zunächst aber handelt es sich darum, dem Anfänger zu zeigen, wie das in seinem Lande geltende Recht im allgemeinen geworden ist, wie es z. B. gekommen ist, daß in Deutschland römisches Recht zur Geltung gelangte, aber nicht zur ausschließlichen, und warum er Pandekten und andere Rechtssysteme studieren müsse. Hierbei würde es sich sehr empfehlen, dem Verständnis und Gedächtnis des Anfängers auch durch deutliche Rechtskarten zu Hilfe zu kommen[33]).

Auf solche Weise wird eine Grundlage geschaffen, deren einzelne Teile an das dem Lernenden bereits — sei es aus der Schule, sei es aus dem Leben — Bekannte anknüpfen und stets auch einen Blick werfen lassen auf das, was der junge Jurist erreichen will, — die pädagogischen Erfordernisse des Anfangsunterrichts sind sonach erfüllt; die naturgemäße Ergänzung wird und muß dieser juristische Anfang in dem gleichzeitigen eifrigen Besuche von geschichtlichen und nationalökonomischen Vorlesungen finden, eine Ergänzung, welche freilich wie so manche andere im juristischen Lehrgange sich erst dann in der wünschenswerten Vollständigkeit erreichen lassen wird, wenn die — den Juristen in Bayern vorgeschriebene — Ausdehnung des Studiums auf vier Jahre und auf philosophische Fächer in ganz Deutschland eingebürgert sein wird.

Für den weiteren Aufbau des juristischen Unterrichts kann der bisherige Brauch alsdann im wesentlichen maßgebend bleiben, nur Das verdient hervorgehoben zu werden, daß der Vorlesung über die Geschichte des deutschen Rechts die systematisch ordnende Stellung zukommt[34]); sie ist naturgemäß das Rückgrat oder das ganze Skelett des juristischen Bildungsganges: durch sie wird jeder Einzelfrage die richtige Stelle angewiesen werden, und ist dies der Fall, so ist keine Detailuntersuchung so entlegen und so abseits führend, daß sie nicht nützlich sei für den Gesamtbildungsgang. Die Geschichte der Reception des römischen Rechts in Deutschland ist selbstverständlich ein Stück der deutschen Rechtsgeschichte; für Kirchenrecht und Strafrecht sind die Anfänge und damit auch die synthetische Gruppierung in der deutschen Rechtsgeschichte zur Darstellung zu bringen[35]). Schon in der Schilderung der karolingischen Zeit und ihrer Gesetzgebung sind die wichtigsten Fragen der Sozialpolitik[36]), das Verhältnis zwischen Arbeit und Kapital, die Organisation der ersteren, die Verteilung der Grundrente[37]) und des Unternehmergewinns einzuflechten; das Aufblühen des deutschen Städtewesens ist dem Handel und Gewerbe des Mittelalters zu danken, und wie nahe liegt es, bei seiner Schilderung auf die Wurzeln des Handelsrechts, des Seerechts, des Gewerberechts einzugehen[38]). Die Staatengeschichte aber leitet von selbst zum Staatsrecht, und wer möchte es sich entgehen lassen, wenn er die Entstehung des preußischen Staats und des deutschen Reiches zu schildern hat, auf die idealen und realen Faktoren der Bildung des Staats und des Staatsrechts sowie auf die von der Politik des deutschen Reiches mit besonderer Idealität, aber auch mit ebensolchem Geschicke behandelten Fragen des internationalen Verkehrsrechts und des Völkerrechts[39]) überhaupt mit Nachdruck hinzuweisen.

So wird unbeschadet aller historischen und dogmatischen Detailforschungen und unbeschadet aller praktischen Einzelbestrebungen — Forschungen und Bestrebungen, welche selbstverständlich absolut notwendig bleiben,[40]) um die juristische Ausbildung zu vollenden — eine Harmonie und Zielbewußtheit in die juristischen Studien von Anfang an gebracht, welche meiner Meinung nach geeignet sein dürfte, jene Klagen, von deren bedauerlichem Vorhandensein ich ausgegangen bin, nach und nach verstummen zu lassen und die jungen und jüngsten Juristen mit jener Berufsfreudigkeit zu erfüllen, welche das Studium des Rechts, d. i. des idealsten volkseigentümlichsten Gutes eines Volkes in Wahrheit verdient.

Anmerkungen.

1. Ehrenberg, Victor, Die deutsche Rechtsgeschichte und die juristische Bildung. Leipzig 1894. S. 1.
2. Stölzels angeführten Vortrag s. in den (Münchener) Hochschul-Nachrichten 1893/94. Nr. 39 S. 11.
3. Stölzel am angegeb. O. S. 11.
4. Stammler, Rudolf, Praktische Pandektenübungen für Anfänger. Leipzig 1893. S. 17.
5. Stammler a. a. O. S. 14 ff.
6. Stammler a. a. O. S. 15. Das ganze hier genannte Buch Stammlers dient dem angegebenen Zwecke und wird ihn gewiß in vielen Fällen erreichen. Über die Besprechung von Rechtsfällen für Anfänger s. meine im Jahre 1887 erschienene Rechtsencyclopädie S. 186, s. unten Anm. 10.
7. Stölzel a. a. O. S. 13. Ich darf hier geltend machen, daß schon vor mehr als 10 Jahren das Gr. Hessische Ministerium des Innern und der Justiz die Gerichte in Gießen angewiesen hat, den Professoren der Gießener Juristenfakultät zurückgelegte erledigte Gerichtsakten zum akademischen Gebrauche zur Verfügung zu stellen. Von dieser Einrichtung wurde mit bestem Erfolge Gebrauch gemacht, namentlich von dem leider kürzlich verstorbenen Kollegen von Kries. Ich habe mich auch an anderen Orten des erwähnten Unterrichtsmittels oft und gern bedient.
8. Stampe (Greifswald), Lehrmittel und Lehrerfolge des preußischen Rechtsunterrichts. Separatdruck aus der Neuen Preußischen (Kreuz-) Zeitung. Berlin 1894.
9. Vgl. O. Fischer, Rechtsforschung und Rechtsunterricht auf den deutschen Universitäten. Unter Mitwirkung der Professoren E. Eck, H. Brunner, E. Strohal, C. Cosack, F. E. v. Liszt, G. Meyer, F. v. Martitz, L. v. Bar, R. Sohm, J. Kohler, A. Merkel. Berlin 1893. Insbes. Bericht I (Fischer).
10. Über das Verhältnis des konkreten Zweckes einer gewissen Beamtenerziehung zur juristischen Hodegetik s. Gareis, Encyclopädie und Methodologie der Rechtswissenschaft, Gießen 1887, S. 184, 185.
11. R. v. Stintzing, Geschichte der Deutschen Rechtswissenschaft. 1. Abt. 1880, 2. Abt. (herausg. von E. Landsberg) 1884, hier aber 1. Abt. S. 607 ff. Vgl. Gareis, Encyclop. S. 172, 179 ff.

12. v. Stintzing a. a. O. Abt. 2. S. 29.
13. v. Stintzing a. a. O. Abt. 1. S. 666 ff.
14. Stobbe, Geschichte der deutschen Rechtsquellen. I. S. 489 ff. II. S. 149 ff., 170 ff.
15. Goldschmidt, Encyclopädie der Rechtswissenschaft im Grundriß. §§ 97, 107, Gareis, Encyclop. S. 174, 182.
16. Stintzing a. a. O. S. 132 ff. v. Prantl, Geschichte der Universität München. I. S. 310, 410.
17. Über all Dies s. die von Gareis in seiner Encycl. 1887. S. 10, 180 und 181 angegeb. Quellen und Litteraturnachweisungen.
18. Naturrecht und Sozialpolitik, von Freiherr v. Hertling. (Schriften der Görres-Gesellschaft, dritte Vereinsschrift für 1892.) Köln 1893. J. P. Bachem.
19. v. Stengel (Würzburg) im Juristischen Litteraturblatt. Bd. IV Nr. 3 (Nr. 53, vom 15. März 1894) S. 66.
20. Gareis, Encyclop. (1887) S. 176—187.
21. Göthe, Wilh. Meisters Wanderjahre. Drittes Kap.
22. Hierüber habe ich mich in meiner Rechtsencyclopädie S. 185 des Weiteren ausgesprochen. Auf das Unpädagogische der bisherigen Einführung in die juristischen Studien macht auch W. Reuling, Rechtsanwalt beim Reichsgericht, in seiner Schrift: „Zur Reform der juristischen Studienordnung", Leipzig, Veit u. Comp. 1887, aufmerksam; auch Stammler, in dem oben Anm. 4—6 angeführten Werke, nämlich wenigstens insofern er darlegt, daß die praktische Anschauung dem jungen Juristen regelmäßig zu spät nahegelegt wird. Vgl. den trefflich geschriebenen „Plan der Übungen" Stammlers S. 1—30. Die Unlust, welche leider viele später sehr eifrige Juristen gerade gegenüber dem zur ersten Einweisung in die Rechtswissenschaft verwendeten Unterrichtsstoffe empfinden, hat ihren Grund in dem Mangel des Zusammenhangs dieses Stoffes mit dem bisher Erlernten und Geschauten einerseits und mit dem praktischen Ziele, Jurist zu werden, andererseits. Gelingt es, den Zusammenhang mit dem Ersteren und mit dem Letzteren herzustellen, so schwindet jene Unlust, — und dies ist die Aufgabe der juristischen Pädagogik, Hodegetik und Propädeutik.
23. S. besonders F. Stoerk (Greifswald): Der staatsbürgerliche Unterricht, Rede zur Feier des Geburtstags Sr. Maj. d. Kaisers am 27. Januar 1893.
24. Stoerk a. a. O. S. 17. Einen Versuch, diese Verhältnisse für jenen Unterricht darzustellen, habe ich schon im Jahre 1881 auf Anregung des Polytechnischen Centralvereins in Würzburg gemacht: s. Gareis, Leitfaden für den Unterricht in der Staatskunde, Würzburg 1881. Die einschlägige Litteratur überhaupt s. bei Stoerk a. a. O. S. 25—32. Die Stellung des Rechts, insbesondere auch des Privatrechts im System der Wissenschaft vom Staate und von der Gesellschaft s. auch bei Gareis, Allgemeines Staatsrecht in v. Marquardsens Handbuch des öff. Rechts (1883) Bd. I S. 5 ff. 124 ff.

25. Gareis, Die Privatrechtssphären in Hartmanns Zeitschrift f. GG. u. Praxis auf dem Gebiete des deutschen öff. Rechts. 1877. Bd. III. S. 137 ff.
26. Über die Expropriation im römischen Recht f. Dahn=Wietersheim, Geschichte der Völkerwanderung Bd. I S. 166 und Piccinelli, l'espropriazione nel diritto romano. Firenze 1882.
27. S. Berlanga, el bronze de Aljustrel (Malaga 1884, S. 623 ff.), Hübner und Mommsen in den Abhandlungen der Ephemeris epigraph. Berlin 1887. Bd. III. S. 167 ff., Bruns in der Zeitschr. f. Rechtsgeschichte Bd. XIII, 2, S. 372 ff. u. a.
28. Störk a. a. O. S. 17.
29. Hierfür f. die bekannten Werke Brunners und Gierkes. Man lese z. B. die Bemerkung Brunners über die Aufteilung der Grundrente, Deutsche Rechtsgeschichte Bd. I S. 209, 210 und Gareis, Bemerkungen zu Kaiser Karls des Großen Capitulare de villis (1893) S. 243 ff. Ganz besonders belehrend in den oben angegebenen Beziehungen aber sind Gierkes Vorträge: Die soziale Aufgabe des Privatrechts (1889) und sein Referat über die Bodenbesitzverteilung und die Sicherung des Kleingrundbesitzes (1893).
30. Ich habe diese Rechte, welche ich zuerst (1877) Individualrechte nannte, zuerst in Buschs Archiv f. Handelsrecht Bd. 35 (1877) S. 196 ff. und in Hartmanns Zeitschrift (1877, f. oben Anm. 25), sowie in meinem Kommentar zum Patentgesetz vom 25. Mai 1877 S. 20 und im Grundriß zu Vorlesungen über das deutsche bürgerliche Recht § 40 (1877) konstruiert, sie aber später Individualitätsrechte genannt, f. Gareis und Fuchsberger, Handelsgesetzbuch 1892, S. 447, 589 und Gareis, H.=R.=Lehrbuch § 42 Anm. 2. — Über die systematische Stellung dieser Rechte f. auch Stobbe, Handbuch des deutschen Privatrechts Bd. III (1878) S. 1 ff. (§§ 157 ff.). Gareis, das Deutsche Patentgesetz 1877 § 1. J. Kohler, Das Deutsche Patentrecht 1878, ferner in den Jahrbüchern für die Dogmatik 2c. Bd. 18. N. F. Bd. VI (1880) S. 129 ff., in Buschs Archiv Bd. 47 (1887) S. 167 ff. u. a. a. O. — v. Liszt, Lehrbuch des Strafrechts, V. Aufl. S. 8, 9, 424 ff. und in der Zeitschrift f. d. ges. Strafrechtswissenschaft, Berlin, J. Guttentag, Bd. VIII S. 134 ff.
31. Goldschmidt f. oben Anm. 15.
32. Den Versuch dieser Systematisierung habe ich in dem in Anm. 24 erwähnten Leitfaden (1881), besonders aber in meiner Encyclopädie und Methodologie der Rechtswissenschaft (1887) und in meinem „Allgemeinen Staatsrecht" (1883, f. oben Anm. 24) auf der Grundlage der Interessentheorie gemacht.
33. Vgl. Richard Schröder, Rechtskarte von Deutschland, nebst Erläuterungen, 1870, f. Petermanns geograph. Mitteilungen 1870 Heft 4. Vgl. auch die R. Schröders Lehrbuch der deutschen Rechtsgeschichte beigegebenen Karten, f. Gareis, Encyklopädie S. 186 Anm. 1.
34. Zum näheren Nachweis dieser und der folgenden Gedanken beziehe ich mich auf v. Amiras Abhandlung über Zweck und Mittel der germa=

nischen Rechtsgeschichte, 1878, und ganz besonders auf die bereits oben Anm. 1 angeführte von Victor Ehrenberg (1894) in allen ihren Einzelheiten.

35. Wie lehrreich sind z. B. die Untersuchungen von Felix Dahn über das Verhältnis von Staat und Kirche bei den Westgothen, über das Strafrecht der germanischen Völker in seinen „Königen der Germanen“, in seinen „Westgothischen Studien“ (1874) S. 141—242 u. a.

36. Die zwei Seiten der historischen Studien, namentlich die Seite des Lebendigen, des Vorwärtsblickenden und -strebenden neben den der Vergangenheit als solcher zugewandten Blicken hebt an Rudolf von Iherings wissenschaftlicher Richtung treffend Adolf Merkel in Iherings Jahrb. f. die Dogmatik d. heutigen röm. u. d. Priv. R. Bd. XXXII. N. F. Bd. XX hervor S. 18 ff.

37. Vgl. z. B. die oben Anm. 29 angegeb. Werke Brunner und Gierkes. Gareis, Bemerkungen zum Capitulare de villis (1893), und derselbe: Die Landgüterordnung Kaiser Karls des Großen (1894), Einleitung S. 4—7.

38. Vgl. Goldschmidt, Handbuch des Handelsrechts, (3. Aufl.) §§ 6 II, 7, und Gareis, Lehrbuch des Handelsrechts, 4. Aufl. § 4.

39. Vgl. Gareis, Institutionen des Völkerrechts. 1888, S. 24, 28, 81, 162 ff.

40. Daß ich auch für die Zeit nach dem Zustandekommen und der Einführung des deutschen Civilgesetzbuches die eingehenden rechtshistorischen Untersuchungen auf dem Gebiete des römischen — wie des germanischen Rechts nicht missen möchte, habe ich ebenso wie meine Überzeugung von der Notwendigkeit praktischer Übungen in juristischen Seminarien u. dgl. wiederholt ausgesprochen. Vgl. Gareis, Encyclopädie S. 184, 186, u. a. In dem vorliegenden Probleme handelt es sich nur um die Änderung der ersten Einführung und um die planmäßige Gruppierung des juristischen Unterrichts.

Druck von G. Bernstein in Berlin.

Kolibri 360 GmbH
Ferdinand-Jühlke-Straße 7
99095 Erfurt, Deutschland
produktsicherheit@kolibri360.de